LIBRO RECOMENDADO

Jarosław Jankowski

¿Sabes quién eres?
Una guía por los 16 tipos de personalidad ID16™©

¿Por qué somos tan diferentes? ¿Por qué asimilamos la información de forma distinta, descansamos de otra manera, tomamos decisiones de otra forma y organizamos de manera diferente nuestra vida?

«¿Sabes quién eres?» te permitirá comprenderte mejor a ti mismo y a los demás. El test ID16 ™© incluido en el libro te ayudará a determinar tu tipo de personalidad, ofreciéndote una valiosa introspección.

Tu tipo de personalidad:
Defensor
(ESFJ)

Tu tipo de personalidad:

Defensor

(ESFJ)

JAROSŁAW JANKOWSKI

LOGOS
MEDIA

Tu tipo de personalidad: Defensor (ESFJ)

Esta publicación puede ayudarte a utilizar mejor tu potencial, a crear relaciones saludables con otras personas y a tomar buenas decisiones en lo relativo a la educación y la carrera profesional. Sin embargo, en ningún caso debería ser tratada como un sustituto de una consulta psicológica o psiquiátrica especializada. El autor y el editor no asumen la responsabilidad por los eventuales daños resultantes de un uso indebido de este libro.

ID16™© es una tipología de la personalidad original. No se la debe confundir con las tipologías y los test de personalidad de otros autores o instituciones.

Título original: Twój typ osobowości: Adwokat (ESFJ)

Traducción del idioma polaco: Ángel López Pombero, Lingua Lab, www.lingualab.pl

Redacción: Xavier Bordas Cornet, Lingua Lab, www.lingualab.pl

Redacción técnica: Zbigniew Szalbot

Editor: LOGOS MEDIA

ISBN (versión impresa): 978-83-7981-182-3

ISBN (EPUB): 978-83-7981-183-0

ISBN (MOBI): 978-83-7981-184-7

Índice

Prólogo 9

ID16™© entre las tipologías de personalidad
de Jung 11

Defensor (ESFJ) 16

La personalidad a grandes rasgos 16
Características generales 17
Aspecto social de la personalidad 25
Trabajo y carrera profesional 30
Potenciales puntos fuertes y débiles 34
Desarrollo personal 37
Personas conocidas 40

16 tipos de personalidad de forma breve 42

Administrador (ESTJ) 42
Animador (ESTP) 44
Artista (ISFP) 45
Consejero (ENFJ) 46
Defensor (ESFJ) 48
Director (ENTJ) 49
Entusiasta (ENFP) 51
Estratega (INTJ) 52
Idealista (INFP) 53
Innovador (ENTP) 55

Inspector (ISTJ) 56
Lógico (INTP) 58
Mentor (INFJ) 59
Pragmático (ISTP) 61
Presentador (ESFP) 62
Protector (ISFJ) 64

Apéndice 66

Las cuatro tendencias naturales 66
Porcentaje orientativo de los diferentes tipos de
personalidad en la población 68
Porcentaje orientativo de mujeres y hombres entre las
personas con un determinado tipo de personalidad 69

Bibliografía 70

Prólogo

Tu tipo de personalidad: Defensor (ESFJ) es un extraordinario compendio de conocimiento acerca del *defensor*, uno de los 16 tipos de personalidad ID16™©.

Esta guía es parte de la serie ID16™©, formada por 16 libros dedicados a los diferentes tipos de personalidad. De forma exhaustiva y clara responden a las siguientes preguntas:

- ¿Qué piensan y sienten las personas que pertenecen a un determinado tipo de personalidad? ¿Cómo toman las decisiones? ¿Cómo solucionan los problemas? ¿De qué tienen miedo? ¿Qué les irrita?

- ¿Con qué tipos de personalidad se relacionan y cuáles evitan? ¿Qué tipo de amigos, cónyuges, padres son? ¿Cómo los ven los demás?

- ¿Qué predisposiciones profesionales tienen? ¿En qué entorno trabajan de manera más efectiva? ¿Qué profesiones se corresponden mejor con su tipo de personalidad?

- ¿En qué son buenos y en qué deben mejorar? ¿Cómo deben aprovechar su potencial y evitar las trampas?

- ¿Qué personas conocidas pertenecen a un determinado tipo de personalidad?

- ¿Qué sociedad muestra más rasgos característicos de un determinado tipo?

En este libro también encontrarás la información más importante sobre la tipología ID16$^{TM©}$.

Esperamos que te ayude a conocerte mejor a ti mismo y a los demás.

EDITORES

ID16™© entre las tipologías de personalidad de Jung

ID16™© pertenece a la familia de las denominadas tipologías de personalidad de Jung, que hacen referencia a la teoría de Carl Gustav Jung (1875 – 1961), psiquiatra y psicólogo suizo, uno de los principales representantes de la denominada psicología profunda.

Sobre la base de muchos años de estudio y observación, Jung llegó a la conclusión de que las diferencias en las actitudes y las preferencias de las personas no son casuales. Creó la división, bien conocida hoy en día, entre extrovertidos e introvertidos. Además, distinguió cuatro funciones de la personalidad, que forman dos pares de factores contrarios: percepción – intuición y pensamiento – sentimiento. Estableció también que en cada una de estas parejas domina una de las funciones. Jung llegó a la convicción de que las funciones dominantes de cada persona son permanentes e independientes de las condiciones externas y que su resultante es el tipo de personalidad.

En el año 1938 dos psiquiatras estadounidenses, Horace Gray y Joseph Wheelwright, crearon el primer test de personalidad basado en la teoría de Jung, que permitía determinar las funciones dominantes en las tres dimensiones descritas por él: **extroversión – introversión**, **percepción – intuición** y **pensamiento – sentimiento**. Este test se convirtió en una inspiración para otros investigadores. En el año 1942, también en suelo americano, Isabel Briggs Myers y Katharine Briggs comenzaron a emplear su propio test de personalidad, ampliando el clásico modelo tridimensional de Gray y Wheelwright con una cuarta dimensión: **juicio – percepción**. La mayoría de las tipologías y test de personalidad posteriores, referidos a la teoría de Jung, también toman en consideración esta cuarta dimensión.

Pertenecen a ellas, entre otros, la tipología americana publicada en el año 1978 por David W. Keirsey, así como el test de personalidad creado en Lituania en los años 70 del siglo XX por Aušra Augustinavičiūtė. En las décadas posteriores, investigadores de diferentes partes del mundo fueron tras sus huellas. Ellos crearon otras tipologías con cuatro dimensiones y varios test de personalidad adaptados a las condiciones y necesidades locales.

A este grupo pertenece la tipología de personalidad independiente ID16™©, desarrollada en Polonia por el pedagogo y mánager Jarosław

Jankowski. Esta tipología, publicada en la primera década del siglo XXI, también se basa en la teoría clásica de Carl Jung. Al igual que otras tipologías de Jung contemporáneas, se inscribe en la corriente del análisis tetradimensional de la personalidad. En el marco de ID16™© estas dimensiones se llaman las **cuatro tendencias naturales**. Estas tendencias tienen un carácter dicotómico y su imagen proporciona información sobre el tipo de personalidad de la persona. El análisis de la primera tendencia tiene como objetivo determinar la **fuente de energía vital** dominante (el mundo exterior o el mundo interior). El análisis de la segunda tendencia determina la **forma dominante de asimilación de la información** (a través de los sentidos o a través de la intuición). El análisis de la tercera tendencia determina la **forma de toma de decisiones** dominante (según la razón o el corazón). El análisis de la cuarta tendencia determina, sin embargo, el **estilo de vida** dominante (organizado o espontáneo). La combinación de todas estas tendencias naturales da como resultado **16 posibles tipos de personalidad**.

La característica especial de la tipología ID16™© es su dimensión práctica. Esta describe los diferentes tipos de personalidad según se comportan en la acción: en el trabajo, en la vida diaria y en las relaciones con otras personas. No se concentra en la dinámica interna de la personalidad, ni tampoco intenta aclarar teóricamente procesos interiores e invisibles. Más bien se concentra en cómo un determinado tipo de personalidad se manifiesta al exterior y de qué forma influye sobre el entorno. Este acento en el aspecto social de la personalidad aproxima de cierto modo la tipología ID16$^{TM©}$ a la tipología de Aušra Augustinavičiūtė anteriormente mencionada.

Cada uno de los 16 tipos de personalidad ID16$^{TM©}$ es la resultante de las tendencias naturales de la persona. La inclusión en un determinado tipo no tiene, sin embargo, características evaluativas. Ningún tipo de personalidad es mejor o peor que los otros. Cada uno de los tipos es simplemente diferente y cada uno tiene sus puntos potencialmente fuertes y débiles. ID16$^{TM©}$ permite identificar y describir estas diferencias. Ayuda a comprenderse a uno mismo y a descubrir nuestro lugar en el mundo.

Conocer el perfil propio de personalidad permite a las personas aprovechar en su totalidad su potencial y trabajar en las áreas que pueden causarles problemas. Este conocimiento constituye una ayuda inestimable en la vida diaria, en la solución de problemas, en la creación de relaciones sanas con otras personas y en la toma de decisiones acerca de la educación y la carrera profesional.

La determinación del tipo de personalidad no es un proceso de carácter arbitrario y mecánico. Cada persona, como «propietario y usuario de su personalidad» es plenamente competente para determinar a qué tipo pertenece. Su papel en este proceso es, por lo tanto, crucial. Esta autoidentificación puede realizarse analizando las descripciones de los 16 tipos de personalidad y estrechando gradualmente el campo de elección. Sin embargo, se puede elegir un camino más corto: utilizar el test de personalidad ID16™©. También en este caso, el «usuario de la personalidad» tiene un papel primordial, ya que el resultado del test depende exclusivamente de las respuestas del usuario.

La identificación del tipo de personalidad ayuda a conocerse a uno mismo y a los demás; no obstante, no debería ser tratada como una profecía que predestina el futuro. El tipo de personalidad nunca puede justificar nuestras debilidades o nuestras malas relaciones con otras personas (¡aunque puede ayudar a comprender sus motivos!).

En el marco de ID16™© el tipo de personalidad no es tratado como un estado estático, genéticamente determinado, sino como la resultante de características innatas y adquiridas. Este enfoque no quita importancia al libre albedrío, ni tampoco pretende clasificar a las personas. Abre ante nosotros nuevas perspectivas que nos animan a trabajar sobre nosotros mismos, ya su vez estas perspectivas nos muestran las áreas en las que este trabajo es más necesario.

Defensor (ESFJ)

TIPOLOGÍA DE PERSONALIDAD ID16™©

La personalidad a grandes rasgos

Lema vital: *¿Cómo puedo ayudarte?*

Entusiasta, enérgico y bien organizado. Práctico, responsable, concienzudo. Cordial y extraordinariamente sociable.

Percibe los sentimientos humanos, las emociones y necesidades. Valora la armonía. Soporta mal la crítica y los conflictos. Es sensible a todas las manifestaciones de injusticia y protesta cuando ve que lastiman a otras personas. Se interesa sinceramente por los problemas de los demás y siente una verdadera alegría al ayudarlos. Al velar por sus necesidades a menudo desatiende las suyas propias. Tiene tendencia a hacer por los demás cosas que ellos mismos deberían hacer. Suele ser susceptible a la manipulación.

Tendencias naturales del *defensor:*

- Fuente de energía vital: mundo exterior.
- Asimilación de información: sentidos.
- Toma de decisiones: corazón.
- Estilo de vida: organizado.

Tipos de personalidad similares:

- *Presentador*
- *Protector*
- *Artista*

Datos estadísticos:

- Los *defensores* constituyen el 10-13% de la población.
- Entre los *defensores* predominan claramente las mujeres (70%).
- El país que se corresponde con el perfil de *defensor* es Canadá[1].

Código literal:

El código literal universal del *defensor* en las tipologías de personalidad de Jung es ESFJ.

Características generales

A los *defensores* les gustan otras personas y se interesan sinceramente por sus vivencias y

---

[1] Esto no quiere decir que todos los habitantes de Canadá pertenezcan a este tipo de personalidad, sino que la sociedad canadiense, en su conjunto, tiene muchas características del *defensor.*

problemas. Son capaces de alegrarse con su alegría y de identificarse con su sufrimiento. Leen perfectamente los sentimientos y emociones humanos. También son conscientes de sus propios sentimientos: son capaces de expresarlos y hablar de ellos. Normalmente es muy fácil conocerlos y acercarse a ellos. Son abiertos y naturales. Establecen rápidamente contacto con los demás y les resulta fácil encontrar un lenguaje común. Los rasgos de los *defensores* que atraen a la gente son la empatía, la ternura, la solicitud, la cordialidad y la energía positiva. A menudo, ya desde el primer encuentro se tiene la sensación de conocerlos desde hace tiempo.

Actitud ante los demás

Los *defensores* perciben antes que los demás las necesidades de otras personas y no escatiman tiempo ni energías para ayudarlas. Son sensibles al daño humano y a todas las manifestaciones de injusticia. Su compasión y empatía les empuja a actuar: salen en defensa de los perjudicados e intentan resolver sus problemas. No pueden pasar indiferentes junto a ellos. A menudo se convierten de manera totalmente natural en defensores de aquellos que no son capaces de defenderse por sí mismos (de ahí el nombre de este tipo de personalidad).

Por naturaleza piensan positivamente en los demás. A veces no quieren asumir que los familiares, amigos o colaboradores puedan tener defectos o cometer errores. Algunas veces — a pesar de que haya pruebas evidentes — son capaces de defenderlos y creer ciegamente en su inocencia hasta el final.

Percepción y pensamientos

Los *defensores* son unos excelentes observadores y destacan por su capacidad para percibir. Perciben y recuerdan rápidamente los detalles y hechos importantes para ellos. Les interesa el mundo exterior y suelen estar bien informados. Saben qué les ocurre a sus amigos y qué pasa en su entorno más cercano.

Son prácticos por naturaleza. Aprenden a través de la acción y la resolución de problemas. Les aburren los argumentos teóricos y abstractos, los conceptos separados de la vida. Prefieren resolver problemas prácticos relativos a personas concretas, encontrando soluciones que pueden mejorar la calidad de sus vidas o disminuir su sufrimiento. También se caracterizan por su sentido estético y su afición por el orden. Sus casas y lugares de trabajo son normalmente un buen reflejo de su personalidad.

Percepción del mundo

Los *defensores* desconfían de presentimientos e intuiciones. Prefieren basarse en datos sólidos y en hechos. Sin embargo, no son personas que se basen únicamente en la pura lógica y el cálculo. Para ellos también es muy importante el aspecto humano, y por eso siempre se preguntan cómo una determinada decisión o acción influye sobre los demás y cómo será recibida. El entorno tiene una influencia considerable en su forma de percibir el mundo y en sus puntos de vista. Sin embargo, no son de esos que cambian frecuentemente de convicciones. Al igual que en otras áreas, también en esta suelen ser extraordinariamente firmes, a veces incluso hasta dogmáticos. No suelen ocultar sus puntos de vista. Los expresan de forma abierta, aunque lo hacen con muchísimo tacto. Cuando hablan con alguien, raramente lo hacen atacando o buscando la confrontación.

A menudo los *defensores* perciben la realidad en blanco y negro, privada de tonos grises. Su mundo es extraordinariamente ordenado: las cosas son o buenas o malas. A veces están dispuestos incluso a retocarlas ligeramente para poder incluirlas en una determinada categoría. Por lo general, les cuesta entender los puntos de vista de los demás. A menudo ni siquiera intentan ver los problemas desde su perspectiva. Suponen que su propia percepción del mundo es la más adecuada y que saben bien lo que es bueno para los demás. A veces una consecuencia de esta actitud es pretender hacer felices a la gente a la fuerza.

Decisiones

Las decisiones de las que están convencidos las toman rápidamente. A veces demasiado rápido. A pesar de su característico pragmatismo, pueden actuar bajo la influencia de un impulso emocional. Tampoco piensan siempre en las consecuencias a largo plazo de sus acciones. Sin embargo, siempre tienen en cuenta cómo una determinada decisión o comportamiento es recibido por el entorno. Normalmente consultan las decisiones más importantes con sus familiares y colaboradores, y toman en consideración sus opiniones. Les cuesta más tomar decisiones que pueden provocar desagrado a otras personas o ser mal recibidas por el entorno. A menudo las dejan para más adelante o simplemente huyen de ellas.

Cuando sus emociones se apoderan de ellos, y les parece que se avecina un sufrimiento, o les parece que pueden herir los sentimientos de otras personas, a menudo se apodera de ellos una parálisis tal, que no les permite tomar decisiones. Un problema que suelen tener los *defensores* es que son poco asertivos y susceptibles a la manipulación y a ser utilizados por parte de los demás. Su virtud es, en cambio, la perseverancia. Cuando toman alguna decisión y se ponen a trabajaren ello, uno puede estar seguro de que llevarán la tarea hasta el final, venciendo los obstáculos y las adversidades.

Ante los cambios

A los *defensores* no les gustan los cambios. Sin embargo, se las arreglan bien con sus consecuencias prácticas (por ejemplo, una reorganización del trabajo), pero por naturaleza son sentimentales y perciben cada cambio como el final de una etapa de la vida, que ya no volverá. Por lo general, necesitan más tiempo para acostumbrarse a los cambios. En tales situaciones les ayuda conversar con otras personas y la posibilidad de compartir con alguien sus pensamientos y temores.

Por naturaleza, les gusta la estabilidad, lo previsible, un ritmo ordenado del día e incluso la rutina. Todo esto les aporta una sensación de seguridad y continuidad. Se sienten incómodos con los cambios repentinos de planes y acontecimientos. En su vida, valoran lo que es perdurable e invariable (por ejemplo, sienten respeto por las instituciones u organizaciones con una larga historia).

A los ojos de los demás

Los *defensores* tienen fama de prácticos, emprendedores y activos. Normalmente son percibidos como muy cordiales, solícitos y llenos de ternura. Las personas saben que pueden contar con su ayuda. Sin embargo, a algunos les irrita su poca flexibilidad, su locuacidad, y que no son comedidos a la hora de dar consejos a los demás; también les irrita que cuando son criticados, su reacción suele ser inadecuada.

A su vez a los *defensores* les irrita sobremanera en los demás la descortesía, la pereza, la dejadez, la negligencia y la informalidad.

Resolución de problemas

A los *defensores* les gusta resolver problemas concretos y ayudan de buen grado a los demás. La visión de un cambio positivo en la vida de las personas les motiva a actuar. Perciben más rápido que los demás los problemas de la gente y se implican para ayudar, algunas veces desatendiendo sus propias necesidades. Por lo general, les es más fácil ayudar a los demás que pedir ayuda para la resolución de sus propios problemas.

No son partidarios de asumir tareas de carácter teórico y abstracto. Se caracterizan por su pragmatismo: solo les interesan las soluciones eficaces a problemas reales. Les gusta crear sistemas lógicos y ordenados. A menudo son autores de soluciones efectivas que aportan una ayuda real a personas o comunidades concretas. Sin embargo, prefieren actuar con métodos probados. Suelen ser desconfiados ante las soluciones innovadoras y experimentales. Aquellos que buscan métodos alternativos puede que perciban a los *defensores* como personas poco flexibles y demasiado tradicionales en su forma de enfocar los problemas.

Por lo general, los *defensores* intentan evitar las confrontaciones. Ante un conflicto prefieren ceder terreno o retirarse para evitar la lucha, las disputas y las riñas. Sin embargo, si se percatan de una injusticia evidente o de un daño hecho a otras personas son capaces de luchar en defensa de una causa justa.

A menudo, intervienen en nombre de otros y se ponen de parte de los perjudicados. Suelen ser la voz de aquellos que — por diversos motivos — no pueden defender por sí mismos sus intereses. Se implican con más frecuencia que los demás en la actividad de organizaciones sociales o en la ayuda espontánea a los necesitados. Esto les proporciona una verdadera alegría. La conciencia de que pudieron ayudar a alguien, que dieron a otros ánimos, que la vida de alguien cambió a mejor, es para ellos una fuente de felicidad y satisfacción personal. La simpatía, el reconocimiento y la gratitud por parte de otras personas les proporcionan energía. A su vez lo que les desanima es la ingratitud humana y el potencial no aprovechado. Les cuesta aceptar que alguien no se deje ayudar y no quiera tomar una mano tendida.

Comunicación

Los *defensores* expresan abiertamente sus convicciones. Normalmente no tienen miedo a hablar en público. Son capaces de tomar la palabra en un grupo o de dirigir una reunión. Además son excelentes diplomáticos. Saben qué decir y cuándo decirlo. Tienen mucho tacto y son muy delicados. Al presentar sus opiniones lo hacen sin ofender a los demás. Intentan expresar hasta las observaciones críticas de forma amable y sutil, para no desagradar a los demás. Los interlocutores menos sensibles, acostumbrados a una comunicación más directa, pueden incluso no percibir la crítica contenida en sus palabras.

Los *defensores* se alegran sinceramente de los éxitos de otras personas y no dudan en expresar su reconocimiento y admiración. No escatiman elogios a los demás y sus palabras sinceras de reconocimiento proporcionan a las personas energía y suscitan confianza en sí mismos. También las buenas palabras de otras personas dan fuerzas a los *defensores*. Lo que les corta las alas es la hostilidad, la ingratitud y la descortesía por parte de otros.

Ante el estrés

A los *defensores* les gusta la actividad y la acción práctica. Son capaces de trabajar bien, pero también de pasarlo bien. Normalmente son personas muy ocupadas, no solo por su actividad profesional, sino también por la ayuda a los demás. A menudo cargan sobre sus hombros más de lo que pueden llevar. Como consecuencia de la sobrecarga y el estrés, pueden volverse sarcásticos o lamentarse de su destino (por ejemplo, adoptando el papel de víctimas y mártires), así como perder la sensación de su propio valor e imaginar diversos escenarios pesimistas para el futuro. La crítica, el rechazo, la falta de aceptación e incluso la simple indiferencia por parte de otras personas son para ellos una fuente de tensiones.

Aspecto social de la personalidad

A los *defensores* les gustan las personas. Para ellos son importantes las relaciones armoniosas, amigables y cálidas. No soportan a aquellos que de forma consciente fastidian el buen ambiente y hacen comentarios desagradables o critican abiertamente a los demás. Tampoco comprenden a aquellos que son capaces de debatir durante meses sobre objetivos y tareas por hacer, pero no emprenden ninguna acción práctica. Los *defensores* valoran a las personas concretas, objetivas y concienzudas, que no tienen miedo al trabajo duro y que ante los problemas hacen un esfuerzo para enfrentarse a ellos. Respetan su actitud incluso cuando su actuación no aporta el resultado deseado. Para ellos, no solo es importante el resultado, sino también el propio empeño y el compromiso. No comprenden a los que — ante los desafíos — se rinden fácilmente, sin intentarlo. También les irrita la pereza y la negligencia.

Los *defensores* se sienten responsables de los demás. Les gusta actuar en su nombre y ayudarlos. Algunas veces asumen el papel de defensores ajenos, a pesar de que los demás no quieran en absoluto que nadie les represente, ayude o reforme sus vidas a la fuerza.

Normalmente son propensos a ceder ante los demás para evitar las tensiones. Por el bien de los demás, también son capaces de renunciar a sus propios placeres. Cuando afrontan problemas, a menudo no permiten que eso se note, ya que no quieren cargar a los demás con sus preocupaciones. Normalmente tampoco expresan exteriormente su descontento. Tienen tendencia a ocultar en su interior sus emociones. Sin embargo, tras un prolongado periodo de bloqueo pueden llegar, para gran sorpresa del entorno, a una explosión incontrolada.

Los *defensores* tienen tendencia a idealizar a sus familiares, amigos y colaboradores. El rechazo o la traición por parte de personas que les son queridas suele ser para ellos un verdadero drama. En un momento dado puede parecerles que todo su mundo se derrumba. También soportan mal un prolongado aislamiento y la soledad.

Entre amigos

Los *defensores* son cordiales y empáticos. Se interesan sinceramente por otras personas y son unos amigos muy entregados y fieles. Siempre se puede contar con su apoyo y su ayuda es desinteresada. No tratan la amistad de forma instrumental, por ejemplo, como una forma de autopromoción o una herramienta para forjar su carrera.

Valoran mucho la sinceridad y el carácter abierto. Perciben en los demás el potencial positivo y son capaces de sacar lo mejor de ellos. De ahí que la gente se sienta atraída hacia ellos, por lo que suelen agradar a todo el mundo. Normalmente están rodeados de muchos amigos y conocidos. Les dedican de buen grado su tiempo, por lo que a veces no se reservan tiempo para ellos mismos, e incluso descuidan sus propias necesidades.

Los amigos son una parte muy importante de sus vidas (para ellos solo es más importante la familia). Su propia felicidad depende en gran medida de la felicidad de sus amigos y de unos vínculos sanos con ellos. Si tienen la oportunidad, les abren gustosamente su casa. Les encanta pasar tiempo en su compañía y privados de su contacto se sienten separados de su fuente de energía. Están a gusto en las reuniones de amigos y los demás también disfrutan mucho de su compañía; en su presencia ganan confianza en sí mismos y se sienten aceptados, más fuertes y mejores.

Al mostrar a los demás respeto, ternura, interés sincero y aceptación esperan una actitud similar de ellos. La conciencia de que son queridos y valorados les da alas y les hace felices. Sin embargo, llevan muy mal la indiferencia y la crítica por parte de otros. Entre los amigos y conocidos de los *defensores* pueden encontrarse personas de diferentes tipos de personalidad: Sin embargo, entablan amistad más frecuentemente con *presentadores*, *protectores*, *consejeros* y otros *defensores*.

Menos frecuentemente con *lógicos*, *innovadores* y *estrategas*.

En el matrimonio

Los *defensores* valoran la estabilidad: para ellos la familia es una de las cosas más importantes de la vida. Unos lazos familiares sanos les dan una sensación de seguridad y son los cimientos de su vida. Tratan sus obligaciones a conciencia. Por ejemplo, la alianza matrimonial es para ellos algo sagrado. Aman el hogar familiar y les encanta estar casa. Adoran las fiestas familiares y son unos excelentes anfitriones y maestros de ceremonias. Normalmente apuestan por la tradicional división de papeles en el matrimonio y se las arreglan perfectamente con las obligaciones domésticas diarias.

El ideal que persiguen es una vida familiar armoniosa y tranquila, así como la felicidad de sus familiares. Ponen mucha energía en la realización de este ideal. Incluso cuando están sobrecargados por las obligaciones (lo que por desgracia ocurre a menudo) no desatienden a la familia y no pierden de vista a los más cercanos. Su primera prioridad en la vida son sus seres queridos. Los *defensores* no escatiman los cumplidos, las palabras cálidas y los gestos cordiales y siempre recuerdan sus cumpleaños y aniversarios importantes. Ellos mismos también necesitan ternura, cercanía y muestras de afecto. Soportan muy mal la frialdad, la indiferencia y la crítica.

Generalmente evitan abordar temas delicados. Prefieren callar los problemas, sufrirlos con paciencia o aparentar que no existen. También tienen tendencia a idealizar a sus familiares y a no ver sus defectos, así como a culparse de los problemas en la familia. Los candidatos naturales a maridos/esposas de los *defensores* son personas de tipos de personalidad afines: *presentadores*, *protectores* o *artistas*. En estos matrimonios es más sencillo crear una comprensión mutua y unas relaciones armoniosas. Sin embargo, la experiencia muestra que las personas pueden crear relaciones exitosas y felices también a pesar de una evidente — al menos aparente — disconformidad tipológica. Aún más, las diferencias entre los cónyuges pueden aportar dinámica a estas relaciones y ayudar al desarrollo personal.

Como padres

Los *defensores* son padres extraordinariamente solícitos y se toman muy en serio sus obligaciones como padres. Envuelven a los hijos con ternura, cuidado, cordialidad y son capaces de satisfacer sus necesidades emocionales. Desean educarlos como personas sensibles y responsables, y se esfuerzan por sensibilizarlos ante las necesidades de los demás.

Normalmente introducen normas claras en casa, gracias a las cuales los hijos se sienten seguros. Les muestran amor y aceptación, pero esperan de ellos respeto. En las relaciones con los hijos no son partidarios de un estilo basado en el compañerismo. Establecen reglas claras y esperan que sean cumplidas. Sin embargo, la ejecución de estas reglas no siempre se les da bien.

Los *defensores* tienen tendencia a la sobreprotección, a querer hacer en lugar de los hijos lo que les corresponde a ellos, así como tienden a ejercer un control excesivo (que es motivo frecuente de problemas en las relaciones con los hijos adolescentes). Sus hijos tienen, a su vez, la tendencia a utilizar a los padres y a manipularlos, porque saben que un padre *defensor* lo hará todo por ellos y que en caso de problemas los sacará del aprieto. Pasados los años, los hijos recuerdan con agrado el calor del hogar familiar y valoran a los padres *defensores* por su solicitud, cordialidad y dedicación, así como por los principios claros que antes les parecían una limitación, pero que pusieron en orden su mundo y les enseñaron a reconocer lo que es importante en la vida.

Trabajo y carrera profesional

A los *defensores* les gusta trabajar en un entorno estable y seguro, en el que reine la armonía. Eligen las profesiones que garantizan un contacto asiduo con otras personas.

Organización

Les gusta el orden, la buena organización, los procedimientos de actuación establecidos y una división clara de las obligaciones. También todo lo que en opinión de los *defensores* ayuda a realizar las tareas de forma eficiente y a alcanzar los objetivos marcados. Soportan mal el trabajo en un entorno desordenado y caótico. Les irrita también una mala organización del trabajo, una división poco clara de las obligaciones, el despilfarro y la ineficiencia.

No les gusta un trabajo que requiera cambios continuos o elasticidad. Raramente cuestionan el orden establecido. Se caracterizan por su respeto hacia las reglas marcadas y el respeto a las tradiciones arraigadas del lugar. Por lo general no cuestionan el sentido de las soluciones adoptadas en la empresa (incluso cuando son anacrónicas y no se ajustan completamente a las nuevas necesidades).

En equipo

A los *defensores* les gusta el trabajo en equipo y ayudan de buen grado a los demás trabajadores. Aportan al equipo energía, colaboran a crear un ambiente cordial y generan ideas prácticas. Sus elogios y cumplidos sinceros tienen sobre los demás un efecto motivador. Valoran mucho las relaciones sanas y amistosas. Soportan mal la compañía de personas que son frías, reservadas y de pocas palabras. Les gustan los colaboradores trabajadores, bien organizados y previsibles. Les cuesta entender a aquellos que no ponen los cinco sentidos en las tareas y desatienden sus obligaciones.

Superiores

Los *defensores* valoran a los superiores que definen de forma clara sus expectativas, precisan claramente los objetivos y valoran a los trabajadores según sus logros y el grado de realización de las tareas. Se encuentran a gusto en organizaciones jerarquizadas con una estructura rígida. Esperan de sus jefes una solicitud sincera por sus subordinados y que valoren su esfuerzo y compromiso.

Se sienten muy mal trabajando en empresas en las que los empleados son percibidos únicamente como elementos integrantes de un sistema. Cuando desempeñan puestos de dirección intentan consultar con sus subordinados las decisiones más importantes relativas a su trabajo. Les interesan sus opiniones, los motivan a actuar y son capaces de reconocer su valor; por eso, los subordinados comprometidos se sienten realmente valorados por ellos.

Ante sus colaboradores

Ponen todo su empeño en lograr una alta eficiencia del trabajo y un buen aprovechamiento del tiempo, por eso los *defensores* no escatiman consejos ni indicaciones para orientar a los trabajadores. Además, tienen tendencia a querer hacer las tareas en su lugar, y algunas veces también tienden a ejercer una supervisión y un control excesivos (los que quita a los trabajadores las ganas de desarrollar su creatividad, les dificulta aprender de sus propios errores y limita su autonomía).

Los *defensores* creen que las estructuras tradicionales y las relaciones formales ayudan a mantener la armonía y la estabilidad. Por ese motivo, esperan de los trabajadores no solo escrupulosidad y compromiso, sino también lealtad y respeto. Para los *defensores,* las situaciones en las que es imposible complacer a todas las partes o en las que es necesario tomar decisiones difíciles e impopulares representan un serio desafío. También les supone un gran problema disciplinar a los trabajadores o llamarles la atención sobre un comportamiento indebido.

Profesiones

El conocimiento del perfil de su propia personalidad y de las preferencias naturales es una ayuda inestimable a la hora de elegir la carrera profesional más conveniente. La experiencia muestra que los *defensores* pueden trabajar con éxito y sentirse realizados en diferentes campos, aunque su tipo de personalidad los predispone de forma natural para profesiones tales como:

- abogado,
- actor,
- agente de viajes,
- agente inmobiliario,
- asesor financiero,
- contable,
- educador de preescolar.
- empleado de oficina de atención al cliente,
- empleado del departamento de personal,
- enfermero,
- entrenador,
- especialista en marketing,
- especialista en RRPP,
- farmacéutico,
- fisioterapeuta,
- logopeda,
- maestro,
- mánager,
- médico,

- óptico,
- pedagogo,
- recepcionista,
- rehabilitador,
- representante comercial,
- restaurador,
- sacerdote,
- sanitario,
- terapeuta,
- trabajador de asistencia social,
- vendedor.

Potenciales puntos fuertes y débiles

Los *defensores*, al igual que otros tipos de personalidad, tienen puntos fuertes y débiles potenciales. Este potencial puede ser gestionado de diferentes formas. La felicidad personal y la realización profesional de los *defensores* dependen de si aprovechan las oportunidades relacionadas con su tipo de personalidad y de si hacen frente a las amenazas que les acechan. He aquí un RESUMEN de estas oportunidades y amenazas:

Puntos fuertes potenciales

A los *defensores* les gustan las personas y se interesan sinceramente por sus problemas. Son muy empáticos. Son capaces de leer los sentimientos y emociones de otras personas y también de expresar los propios. Su ternura, su interés sincero y cuidado atraen a otras personas. Suelen crear a su alrededor un ambiente sano y amistoso, y son perfectos en el trabajo en grupo. También son unos excelentes organizadores. Pueden trabajar a favor de objetivos comunes, son capaces de colaborar en armonía y se alegran sinceramente de los éxitos ajenos. Motivan a los demás a actuar, suscitan en ellos la confianza en sus propias fuerzas y saben sacar de ellos su potencial oculto.

También son trabajadores muy leales. Se centran más en la realización de las tareas que les son confiadas que en los beneficios personales (por eso cambian de trabajo en búsqueda de mejores condiciones con menos frecuencia que el resto). Los *defensores* se caracterizan por su laboriosidad, su carácter enérgico, su estabilidad y también su realismo, su pragmatismo y su carácter previsible. Les interesan los hechos y las cosas concretas. Les atraen las soluciones efectivas y prácticas que resuelven problemas reales o facilitan de forma tangible la vida de alguien.

Son capaces de acabar lo que empiezan. Al confiarles una tarea se puede estar seguro de que se comprometerán totalmente en su realización. A los *defensores* se les dan bien las tareas que requieren cumplir procedimientos rígidos, considerar una gran cantidad de datos y realizar acciones reiteradas.

Puntos débiles potenciales

Su orientación hacia la ayuda a los demás y su poca asertividad hacen que no siempre sean capaces de prestar atención a sus necesidades y defender sus propios intereses. También son susceptibles a los engaños, la manipulación y el chantaje emocional. Tienen tendencia a evitar las conversaciones difíciles (aunque necesarias). No saben cortar las relaciones tóxicas y dañinas y tienen tendencia a culparse de los fracasos en las relaciones. Les cuesta afrontar las situaciones de crisis y son extraordinariamente sensibles a las críticas. Llevan mal el trabajo en solitario y dependen de los elogios y el reconocimiento de otras personas. Ante la hostilidad o la indiferencia pueden perder la confianza en sí mismos.

No les va bien en áreas de actividad que son totalmente nuevas para ellos. Se apegan a las soluciones ya conocidas y comprobadas, lo que puede provocar en ellos cierto escepticismo ante los experimentos y los métodos de acción innovadores. Son poco flexibles, de ahí que en situaciones que requieren decisiones rápidas e improvisación se sientan inseguros, como si perdieran el suelo bajo los pies. También tienen problemas para delegar tareas u obligaciones, y tienden a querer realizar los deberes en lugar de los demás, o bien tratan de ayudarles a la fuerza. A pesar de su carácter abierto hacia las personas, los *defensores* a menudo son escépticos ante puntos de vista distintos a los suyos. En estas situaciones se sienten incómodos. También tienen tendencia a negar prematuramente y rechazar todo lo que para ellos es nuevo y extraño. Un cierto dogmatismo y la incapacidad para percibir el carácter complejo de los fenómenos a menudo los caracteriza.

Su lealtad hacia las personas hace que suelan ser parciales. Les cuesta aceptar que sus familiares, amigos o colaboradores puedan equivocarse o ser culpables. Al concentrarse en las necesidades actuales, los *defensores* pueden no percibir los retos futuros, y al centrarse en problemas particulares, pueden perder de vista su contexto más amplio.

Desarrollo personal

El desarrollo personal de los *defensores* depende del grado en que utilizan su potencial natural y se sobreponen a los problemas resultantes de los puntos débiles relacionados con su tipo de personalidad. Los siguientes consejos prácticos constituyen un decálogo característico del *defensor*.

No realices por los demás lo que deberían hacer ellos

Quieres ayudar a las personas, pero si los sustituyes en todo nunca aprenderán cosas nuevas, mientras que tú siempre estarás sobrecargado. Al ayudar a los demás permíteles asumir la responsabilidad por su propia vida, cometer errores y sacar de ellos conclusiones para el futuro.

Deja algunos asuntos a su curso natural

No puedes tenerlo todo controlado. No eres capaz de dominar cada asunto. Así que deja los menos importantes a su curso natural. Ahorrarás mucha energía y evitarás la frustración.

No temas las opiniones e ideas de otras personas

Una actitud abierta a los puntos de vista de los demás no tiene por qué significar abandonar los propios. No temas las ideas y opiniones que son diferentes a las tuyas. Antes de rechazarlas, piensa bien en ellas e intenta comprenderlas.

Mira los problemas desde una perspectiva más amplia

Esfuérzate siempre por ver un contexto más amplio. Intenta mirar los problemas desde otro ángulo, a través de los ojos de otras personas. Busca las opiniones de los demás, considera diferentes puntos de vista. Ten en cuenta diferentes aspectos del asunto del que te encargas.

No temas los conflictos

Incluso en el círculo de las personas más próximas, a veces se produce una diferencia de opiniones. Sin embargo, los conflictos no necesariamente deben ser destructivos; ¡suelen ayudar a descubrir y solucionar los problemas! Por lo tanto en situaciones de conflicto no escondas la cabeza bajo la arena, sino que expresa abiertamente tu punto de vista y tus impresiones relacionadas con una determinada situación.

Aprende a decir «no»

Cuando no estés de acuerdo con algo, no tengas miedo a decirlo. Cuando no puedas aceptar otra tarea, simplemente recházala. Aprende a decir «no», en especial cuando sientas que alguien abusa de tu ayuda o intenta que lo sustituyas.

No tengas miedo a las nuevas experiencias

Cada semana o cada mes prueba algo nuevo. Visita lugares en los que todavía no hayas estado, habla con gente que todavía no conoces, encárgate de tareas que no hayas realizado antes. Esto te proporcionará muchas ideas valiosas y hará que percibas el mundo desde una perspectiva más amplia.

Sé mejor contigo mismo

Trata de ayudarte a ti mismo de la misma forma en la que te preocupas por la felicidad y el buen estado de ánimo de otras personas. Sé más indulgente contigo mismo. Intenta alejarte a veces de las obligaciones y hacer algo por puro placer, relax, diversión.

No tengas miedo a las críticas

No temas expresar tus opiniones críticas ni aceptar las críticas de otros. La crítica puede ser constructiva y no tiene por qué significar un ataque a las personas o un socavamiento de sus valores.

Acepta la ayuda de otras personas

Supones que tu función es la de ayudar a las personas y normalmente ellos buscan apoyo en ti. Sin embargo, cuando tengas un problema ¡no dudes en pedir ayuda a los demás y aprovecharla! La capacidad de aceptar la ayuda que te ofrecen es igual de valiosa que la habilidad para prestarla.

Personas conocidas

La lista de personas conocidas que se corresponden con el perfil de *defensor* incluye, entre otros, los siguientes nombres:

- **Louis Burt Mayer**, realmente Eliezer Meir (1882 - 1957), empresario estadounidense de origen judío, distribuidor y productor de cine, cofundador de la productora de cine Metro-Goldwyn-Mayer;

- **Ray Kroc** (1902 - 1984), empresario estadounidense, fundador de McDonald's Corporation, conocido como «el rey de las hamburguesas»;

- **Sam Walton** (1918 - 1992), empresario estadounidense, fundador de Wal-Mart (actualmente la mayor red de ventas en el mundo);

- **Mary Tyler Moore** (1936 - 2017), actriz de cine estadounidense (entre otras películas, *Gente corriente*);

- **Bill Clinton** (n. 1946), cuadragésimo segundo presidente de los Estados Unidos;

- **Danny Glover** (n. 1946), actor de cine estadounidense (entre otras películas, *Arma letal*), productor y director;

- **Sally Field** (n. 1946), actriz de cine estadounidense (entre otras películas, *Cinco hermanos*);

- **Eddie Murphy** (n. 1961), actor de de variedades y de cine estadounidense (entre otras películas, *Superdetective en Hollywood*), productor, guionista y director;

- **Lars Ulrich** (n. 1963), batería danés, cofundador del grupo Metallica;
- **Björk Guðmundsdóttir** (n. 1965), cantante islandesa, autora de textos, compositora y actriz;
- **Geri Halliwell**, realmente Geraldine Estelle Halliwell (n. 1972), vocalista inglesa de origen hispano-sueco, cofundadora del grupo Spice Girls;
- **Elvis Stojko** (n. 1972), patinador artístico canadiense, medallista olímpico y tres veces campeón del mundo;
- **Linda Park** (n. 1978), actriz estadounidense de origen coreano (entre otras películas. *Star Trek: Enterprise*);
- **Samaire Armstrong** (n. 1980), actriz de cine y televisión estadounidense (entre otras series, *The O.C.*).

16 tipos de personalidad de forma breve

Administrador (ESTJ)

Lema vital: *¡Hagamos esa tarea!*

Trabajador, responsable y extraordinariamente leal. Enérgico y decidido. Valora el orden, la estabilidad, la seguridad y las reglas claras. Objetivo y concreto. Lógico, racional y práctico. Es capaz de asimilar una gran cantidad de información detallada.

Organizador perfecto. No tolera la ineficiencia, el despilfarro ni la pereza. Fiel a sus convicciones y directo en los contactos. Presenta sus puntos de vista de forma decidida y expresa abiertamente opiniones críticas, por lo que en ocasiones hiere inconscientemente a otras personas.

Tendencias naturales del *administrador*:

- Fuente de energía vital: mundo exterior.
- Asimilación de información: sentidos.

- Toma de decisiones: razón.
- Estilo de vida: organizado.

Tipos de personalidad similares:

- *Animador*
- *Inspector*
- *Pragmático*

Datos estadísticos:

- Los *administradores* constituyen el 10-13% de la sociedad.
- Entre los *administradores* predominan los hombres (60%).
- Un país que se corresponde con el perfil del *administrador* son los Estados Unidos[2].

Código literal:

El código literal universal del *administrador* en las tipologías de personalidad de Jung es ESTJ

Más:

Jarosław Jankowski
Tu tipo de personalidad: Administrador (ESTJ)

---

[2] Esto no quiere decir que todos los habitantes de los EE. UU. pertenezcan a este tipo de personalidad, sino que la sociedad estadounidense, en su conjunto, tiene muchas características del *administrador*.

Animador (ESTP)

Lema vital: *¡Hagamos algo!*

Enérgico, activo y emprendedor. Le gusta la compañía de otros y sabe pasárselo bien y disfrutar del momento presente. Es espontáneo, flexible y suele estar abierto a los cambios.

Es entusiasta inspirador e iniciador, suele motivar a los demás a actuar. Lógico, racional y extraordinariamente pragmático. Realista. Le aburren las ideas abstractas y las reflexiones sobre el futuro. Procura solucionar los problemas concretos e inmediatos que se le presentan, pero a menudo también tiene dificultades con la organización y la planificación. Suele ser impulsivo. Suele ocurrir que primero actúa y luego piensa.

Tendencias naturales del *animador*:

- Fuente de energía vital: mundo exterior.
- Asimilación de información: sentidos.
- Toma de decisiones: razón.
- Estilo de vida: espontáneo.

Tipos de personalidad similares:

- *Administrador*
- *Pragmático*
- *Inspector*

Datos estadísticos:

- Los *animadores* constituyen el 6-10% de la sociedad.

- Entre los *animadores* predominan los hombres (60%).
- El país que se corresponde con el perfil de *animador* es Australia.

Código literal:

El código literal universal del *animador* en las tipologías de personalidad de Jung es ESTP.

Más:

Jarosław Jankowski
Tu tipo de personalidad: Animador (ESTP)

Artista (ISFP)

Lema vital: *¡Creemos algo!*

Sensible, creativo y original. Tiene un gran sentido de la estética y capacidades artísticas naturales. Independiente, se guía por su propia escala de valores y no cede ante la presión. Optimista y con una actitud positiva hacia la vida; es capaz de disfrutar del momento.

Disfruta ayudando a los demás. Le aburren las teorías abstractas; prefiere crear la realidad que hablar de ella. Sin embargo, le resulta más fácil empezar cosas nuevas que acabar las empezadas antes. Suele tener dificultades para expresar sus propios deseos y necesidades.

Tendencias naturales del *artista*:

- Fuente de energía vital: mundo interior.
- Asimilación de información: sentidos.

- Toma de decisiones: corazón.
- Estilo de vida: espontáneo.

Tipos de personalidad similares:

- *Protector*
- *Presentador*
- *Defensor*

Datos estadísticos:

- Los *artistas* constituyen el 6-9% de la población.
- Entre los *artistas* predominan las mujeres (60%).
- El país que se corresponde con el perfil de *artista* es China.

Código literal:

El código literal universal del *artista* en las tipologías de personalidad de Jung es ISFP.

Más:

Jarosław Jankowski
Tu tipo de personalidad: Artista (ISFP)

Consejero (ENFJ)

Lema vital: *Mis amigos son mi mundo.*

Optimista, entusiasta y gracioso. Amable, sabe actuar con tacto. Tiene el extraordinario don de la empatía y disfruta actuando de forma desinteresada a favor de los demás. Es capaz de influir en sus vidas: inspira, descubre en ellos el potencial oculto que tienen y suscita confianza en sus propias fuerzas. Irradia ternura y atrae a las demás personas. A menudo las ayuda a resolver sus problemas personales.

Suele ser crédulo, aunque un poco ingenuo, y tiene tendencia a ver el mundo de color de rosa. Concentrado en los demás, a menudo se olvida de sus propias necesidades.

Tendencias naturales del *consejero*:

- Fuente de energía vital: mundo exterior.
- Asimilación de información: intuición.
- Toma de decisiones: corazón.
- Estilo de vida: organizado.

Tipos de personalidad similares:

- *Entusiasta*
- *Mentor*
- *Idealista*

Datos estadísticos:

- Los *consejeros* constituyen el 3-5% de la población.
- Entre los *consejeros* predominan claramente las mujeres (80%).
- El país que se corresponde con el perfil de *consejero* es Francia.

Código literal:

El código literal universal del *consejero* en las tipologías de personalidad de Jung es ENFJ.

Más:

Jarosław Jankowski
Tu tipo de personalidad: Consejero (ENFJ)

Defensor (ESFJ)

Lema vital: *¿Cómo puedo ayudarte?*

Entusiasta, enérgico y bien organizado. Práctico, responsable, concienzudo. Cordial y extraordinariamente sociable.

Percibe los sentimientos humanos, las emociones y necesidades. Valora la armonía. Soporta mal la crítica y los conflictos. Es sensible a todas las manifestaciones de injusticia y protesta cuando ve que lastiman a otras personas. Se interesa sinceramente por los problemas de los demás y siente una verdadera alegría al ayudarlos. Al velar por sus necesidades a menudo desatiende las suyas propias. Tiene tendencia a hacer por los demás cosas que ellos mismos deberían hacer. Suele ser susceptible a la manipulación.

Tendencias naturales del *defensor:*

- Fuente de energía vital: mundo exterior.
- Asimilación de información: sentidos.
- Toma de decisiones: corazón.
- Estilo de vida: organizado.

Tipos de personalidad similares:

- Presentador
- Protector
- Artista

Datos estadísticos:

- Los *defensores* constituyen el 10-13% de la población.
- Entre los *defensores* predominan claramente las mujeres (70%).
- El país que se corresponde con el perfil de *defensor* es Canadá.

Código literal:

El código literal universal del *defensor* en las tipologías de personalidad de Jung es ESFJ.

Más:

Jarosław Jankowski
Tu tipo de personalidad: Defensor (ESFJ)

Director (ENTJ)

Lema vital: *Os diré lo que hay que hacer.*

Independiente, activo y decidido. Racional, lógico y creativo. Percibe un contexto más amplio de los problemas analizados y es capaz de prever las futuras consecuencias de las acciones humanas. Se caracteriza por el optimismo y un sensato sentido de su propio valor. Es capaz de transformar conceptos teóricos en planes de actuación concretos y prácticos.

Visionario, mentor y organizador. Tiene unas capacidades de liderazgo innatas. Su fuerte personalidad, su criticismo y su estilo directo a menudo intimidan a los demás y provocan problemas en sus relaciones interpersonales.

Tendencias naturales del *director*:

- Fuente de energía vital: mundo exterior.
- Asimilación de información: intuición.
- Toma de decisiones: razón.
- Estilo de vida: organizado.

Tipos de personalidad similares:

- *Innovador*
- *Estratega*
- *Lógico*

Datos estadísticos:

- Los *directores* constituyen el 2-5% de la población.
- Entre los *directores* predominan claramente los hombres (70%).
- El país que se corresponde con el perfil de *director* es Holanda.

Código literal:

El código literal universal del *director* en las tipologías de personalidad de Jung es ENTJ.

Más:

Jarosław Jankowski
Tu tipo de personalidad: Director (ENTJ)

Entusiasta (ENFP)

Lema vital: *¡Podemos hacerlo!*

Enérgico, entusiasta y optimista. Es capaz de disfrutar de la vida y piensa a largo plazo. Dinámico, ingenioso y creativo. Le gustan las personas y aprecia las relaciones sinceras y auténticas. Cálido, cordial y emocional. Soporta mal la crítica. Tiene el don de la empatía y percibe las necesidades, los sentimientos y los motivos de los demás. Los inspira y los contagia con su entusiasmo.

Le gusta estar en el centro de los acontecimientos. Es flexible y capaz de improvisar. Es propenso a tener ocurrencias idealistas. Se distrae con facilidad y tiene problemas para llevar los asuntos hasta el final.

Tendencias naturales del *entusiasta*:

- Fuente de energía vital: mundo exterior
- Asimilación de información: intuición.
- Toma de decisiones: corazón.
- Estilo de vida: espontáneo.

Tipos de personalidad similares:

- *Consejero*
- *Idealista*
- *Mentor*

Datos estadísticos:

- Los *entusiastas* constituyen el 5-8% de la población.

- Entre los *entusiastas* predominan las mujeres (60%).
- El país que se corresponde con el perfil de *entusiasta* es Italia.

Código literal:

El código literal universal del *entusiasta* en las tipologías de personalidad de Jung es ENFP.

Más:

Jarosław Jankowski
Tu tipo de personalidad: Entusiasta (ENFP)

Estratega (INTJ)

Lema vital: *Esto puede perfeccionarse.*

Independiente, marcado individualismo, con una enorme cantidad de energía interna. Creativo e ingenioso. Visto por los demás como competente y seguro de sí mismo y, a la vez, como distante y enigmático. Mira cada asunto desde una perspectiva amplia. Desea perfeccionar y ordenar el mundo que le rodea.

Bien organizado, responsable, crítico y exigente. Es difícil sacarlo de sus casillas, pero también es difícil satisfacerlo totalmente. Por lo general, tiene problemas para interpretar los sentimientos y emociones de otras personas.

Tendencias naturales del *estratega*:

- Fuente de energía vital: mundo interior.
- Asimilación de información: intuición.

- Toma de decisiones: razón.
- Estilo de vida: organizado.

Tipos de personalidad similares:

- *Lógico*
- *Director*
- *Innovador*

Datos estadísticos:

- Los *estrategas* constituyen el 1-2% de la población.
- Entre los *estrategas* predominan claramente los hombres (80%).
- El país que se corresponde con el perfil de *estratega* es Finlandia.

Código literal:

El código literal universal del *estratega* en las tipologías de personalidad de Jung es INTJ.

Más:

Jarosław Jankowski
Tu tipo de personalidad: Estratega (INTJ)

Idealista (INFP)

Lema vital: *Se puede vivir de otra manera.*

Sensible, leal, creativo. Desea vivir según los valores que profesa. Muestra interés por la realidad espiritual y ahonda en los secretos de la vida. Suele conmoverse por los problemas del mundo y está abierto a las necesidades de otras personas. Valora la armonía y el equilibrio.

Romántico: es capaz de demostrar amor, pero él mismo también necesita cariño y afecto. Interpreta perfectamente los motivos y sentimientos de otras personas. Crea relaciones sanas, profundas y duraderas. En situaciones de conflicto lo pasa mal, no sabe qué hacer. No resiste el estrés y la crítica.

Tendencias naturales del *idealista*:

- Fuente de energía vital: mundo interior.
- Asimilación de información: intuición.
- Toma de decisiones: corazón.
- Estilo de vida: espontáneo.

Tipos de personalidad similares:

- *Mentor*
- *Entusiasta*
- *Consejero*

Datos estadísticos:

- Los *idealistas* constituyen el 1-4% de la población.
- Entre los *idealistas* predominan las mujeres (60%).
- El país que se corresponde con el perfil de *idealista* es Tailandia.

Código literal:

El código literal universal del *idealista* en las tipologías de personalidad de Jung es INFP.

Más:

Jarosław Jankowski
Tu tipo de personalidad: Idealista (INFP)

Innovador (ENTP)

Lema vital: *Y si probamos a hacerlo de otra forma...*

Ingenioso, original e independiente. Optimista. Enérgico y emprendedor. Persona de acción: le gusta estar en el centro de los acontecimientos y resolver «problemas irresolubles». Tiene curiosidad por el mundo, y es propenso al riesgo y suele ser impaciente. Visionario, abierto a nuevas ideas y ocurrencias. Le gustan las nuevas experiencias y los experimentos. Percibe las relaciones entre acontecimientos concretos y piensa a largo plazo.

Espontáneo, comunicativo y seguro de sí mismo. Propenso a sobrevalorar sus propias posibilidades. Tiene problemas para llevar los asuntos hasta el final.

Tendencias naturales del *innovador.*

- Fuente de energía vital: mundo exterior.
- Asimilación de información: intuición.
- Toma de decisiones: razón.
- Estilo de vida: espontáneo.

Tipos de personalidad similares:

- *Director*
- *Lógico*
- *Estratega*

Datos estadísticos:

- Los *innovadores* constituyen el 3-5% de la población.
- Entre los *innovadores* predominan claramente los hombres (70%).
- El país que se corresponde con el perfil de *innovador* es Israel.

Código literal:

El código literal universal del *innovador* en las tipologías de personalidad de Jung es ENTP.

Más:

Jarosław Jankowski
Tu tipo de personalidad: Innovador (ENTP)

Inspector (ISTJ)

Lema vital: *Primero las obligaciones.*

Una persona con la que siempre se puede contar. Educado, puntual, cumplidor, concienzudo, responsable: «persona de confianza». Analítico, metódico, sistemático y lógico. Los otros lo ven como reservado, frío y serio. Aprecia la tranquilidad, la estabilidad y el orden. No le gustan los cambios. En cambio, le gustan los principios claros y las reglas concretas.

Trabajador y perseverante, es capaz de llevar los asuntos hasta el final. Perfeccionista. Quiere controlarlo todo. Parco en elogios. No aprecia el valor de los sentimientos y las emociones de otras personas.

Tendencias naturales del *inspector*:

- Fuente de energía vital: mundo interior.
- Asimilación de información: sentidos.
- Toma de decisiones: razón.
- Estilo de vida: organizado.

Tipos de personalidad similares:

- *Pragmático*
- *Administrador*
- *Animador*

Datos estadísticos:

- Los *inspectores* constituyen el 6-10% de la población.
- Entre los *inspectores* predominan los hombres (60%).
- El país que se corresponde con el perfil de *inspector* es Suiza.

Código literal:

El código literal universal del *inspector* en las tipologías de personalidad de Jung es ISTJ.

Más:

Jarosław Jankowski
Tu tipo de personalidad: Inspector (ISTJ)

Lógico (INTP)

Lema vital: *Lo más importante es conocer la verdad acerca del mundo.*

Original, ingenioso y creativo. Le gusta resolver problemas de índole teórica. Analítico, brillante y con una actitud entusiasta hacia las nuevas ideas. Es capaz de relacionar fenómenos concretos y deducir de ellos principios generales y teorías. Lógico, preciso e indagador. Percibe rápidamente los síntomas de incoherencia e inconsecuencia.

Independiente y escéptico ante las soluciones y autoridades establecidas. Tolerante y abierto a los nuevos retos. Se suele quedar absorto en sus reflexiones, a veces pierde el contacto con el mundo exterior.

Tendencias naturales del *lógico*:

- Fuente de energía vital: mundo interior.
- Asimilación de información: intuición.
- Toma de decisiones: razón.
- Estilo de vida: espontáneo.

Tipos de personalidad similares:

- *Estratega*
- *Innovador*
- *Director*

Datos estadísticos:

- Los *lógicos* constituyen el 2-3% de la población.

- Entre los *lógicos* predominan claramente los hombres (80%).
- El país que se corresponde con el perfil de *lógico* es la India.

Código literal:

El código literal universal del *lógico* en las tipologías de personalidad de Jung es INTP.

Más:

Jarosław Jankowski
Tu tipo de personalidad: Lógico (INTP)

Mentor (INFJ)

Lema vital: *¡El mundo puede ser mejor!*

Creativo, sensible, adelantado a su tiempo, capaz de ver las posibilidades que los demás no ven. Idealista y visionario orientado a la ayuda a las personas. Concienzudo, responsable y al mismo tiempo amable, solícito y amistoso. Se esfuerza por entender los mecanismos que rigen el mundo y trata de ver los problemas desde una perspectiva más amplia.

Excelente oyente y observador. Se caracteriza por una extraordinaria empatía, por su intuición y la confianza en las personas. Es capaz de interpretar los sentimientos y las emociones. Soporta mal la crítica y las situaciones de conflicto. Puede parecer enigmático.

Tendencias naturales del *mentor*:

- Fuente de energía vital: mundo interior.
- Asimilación de información: intuición.
- Toma de decisiones: corazón.
- Estilo de vida: organizado.

Tipos de personalidad similares:

- *Idealista*
- *Consejero*
- *Entusiasta*

Datos estadísticos:

- Los *mentores* constituyen aproximadamente el 1% de la población y son el tipo de personalidad menos frecuente.
- Entre los *mentores* predominan claramente las mujeres (80%).
- El país que se corresponde con el perfil de *mentor* es Noruega.

Código literal:

El código literal universal del *mentor* en las tipologías de personalidad de Jung es INFJ.

Más:

Jarosław Jankowski
Tu tipo de personalidad: Mentor (INFJ)

Pragmático (ISTP)

Lema vital: *Los actos son más importantes que las palabras.*

Optimista, espontáneo y con una actitud positiva hacia la vida. Comedido e independiente. Fiel a sus propias convicciones y escéptico ante las normas y principios externos. Le aburren las teorías y las reflexiones sobre el futuro.

Prefiere actuar y solucionar problemas concretos y tangibles.

Se adapta bien a los nuevos lugares y situaciones. Le gustan los nuevos retos y el riesgo. Es capaz de mantener la sangre fría ante las amenazas y los peligros. Su taciturnidad y su extrema sobriedad a la hora de expresar opiniones hace que suela ser indescifrable para los demás.

Tendencias naturales del *pragmático*:

- Fuente de energía vital: mundo interior.
- Asimilación de información: sentidos.
- Toma de decisiones: razón.
- Estilo de vida: espontáneo.

Tipos de personalidad similares:

- *Inspector*
- *Animador*
- *Administrador*

Datos estadísticos:

- Los *pragmáticos* constituyen el 6-9% de la población.

- Entre los *pragmáticos* predominan los hombres (60%).
- El país que se corresponde con el perfil de *pragmático* es Singapur.

Código literal:

El código literal universal del *pragmático* en las tipologías de personalidad de Jung es ISTP.

Más:

Jarosław Jankowski
Tu tipo de personalidad: Pragmático (ISTP)

Presentador (ESFP)

Lema vital: *¡Hoy es el momento perfecto!*

Optimista, enérgico y abierto a las personas. Es capaz de disfrutar de la vida y pasarlo bien. Práctico y al mismo tiempo flexible y espontáneo. Le gustan los cambios y las nuevas experiencias. Soporta mal la soledad, el estancamiento y la rutina. Se siente bien estando en el centro de atención.

Tiene unas capacidades interpretativas naturales y es capaz de hablar de una forma que despierta el interés y el entusiasmo de los oyentes. Al concentrarse en el día de hoy, a veces pierde de vista los objetivos a largo plazo. Suele tener problemas a la hora de prever las consecuencias de sus actos.

Tendencias naturales del *presentador*:

- Fuente de energía vital: mundo exterior.
- Asimilación de información: sentidos.
- Toma de decisiones: corazón.
- Estilo de vida: espontáneo.

Tipos de personalidad similares:

- *Defensor*
- *Artista*
- *Protector*

Datos estadísticos:

- Los *presentadores* constituyen el 8 -13% de la población.
- Entre los *presentadores* predominan las mujeres (60%).
- El país que se corresponde con el perfil de *presentador* es Brasil.

Código literal:

El código literal universal del *presentador* en las tipologías de personalidad de Jung es ESFP.

Más:

Jarosław Jankowski
Tu tipo de personalidad: Presentador (ESFP)

Protector (ISFJ)

Lema vital: *Me importa tu felicidad.*

Sincero, tierno, modesto, digno de confianza y extraordinariamente leal. Pone en primer lugar a los demás: percibe sus necesidades y desea ayudarles. Práctico, bien organizado y responsable. Paciente, trabajador y perseverante: es capaz de llevar los asuntos hasta el final.

Observa y recuerda los detalles. Valora mucho la tranquilidad, la estabilidad y las relaciones amistosas con los demás. Es capaz de tender puentes entre las personas. Soporta mal los conflictos y la crítica. Tiene un fuerte sentido de la responsabilidad y siempre está dispuesto a ayudar. Los demás suelen aprovecharse de él.

Tendencias naturales del *protector*:

- Fuente de energía vital: mundo interior.
- Asimilación de información: sentidos.
- Toma de decisiones: corazón.
- Estilo de vida: organizado.

Tipos de personalidad similares:

- *Artista*
- *Defensor*
- *Presentador*

Datos estadísticos:

- Los *protectores* constituyen el 8-12% de la población.

- Entre los *protectores* predominan claramente las mujeres (70%).
- El país que se corresponde con el perfil de *protector* es Suecia.

Código literal:

El código literal universal del *protector* en las tipologías de personalidad de Jung es ISFJ.

Más:

Jarosław Jankowski
Tu tipo de personalidad: Protector (ISFJ)

Apéndice

Las cuatro tendencias naturales

1. Fuente de energía vital dominante

    o MUNDO EXTERIOR
       Personas que obtienen energía del
       exterior, que necesitan actividad y
       contacto con los demás. Soportan mal
       la soledad prolongada.

    o MUNDO INTERIOR
       Personas que obtienen energía del
       mundo interior, que necesitan silencio
       y soledad. Se sienten agotados cuando
       están mucho tiempo en medio de un
       grupo.

2. Forma dominante de asimilación de la información

 o SENTIDOS
  Personas que dependen de los cinco sentidos. Les convencen los hechos y las pruebas. Les gustan los métodos comprobados y las tareas prácticas y concretas. Son realistas y se basan en la experiencia.

 o INTUICIÓN
  Personas que dependen de un sexto sentido, que se guían por los presentimientos. Les gustan las soluciones innovadoras y los problemas de índole teórica. Se caracterizan por su enfoque creativo de las tareas y por su capacidad de previsión.

3. Forma de toma de decisiones dominante

 o RAZÓN
  Personas que se guían por la lógica y los principios objetivos. Críticos y directos a la hora de expresar sus opiniones.

 o CORAZÓN
  Personas que se guían por los sentimientos y los valores. Anhelan la armonía y necesitan estar bien con los demás.

4. Estilo de vida dominante

- o ORGANIZADO
  Personas concienzudas y organizadas.
  Valoran el orden, son personas a
  quienes les gusta actuar según un plan.

- o ESPONTÁNEO
  Personas espontáneas, que valoran la
  libertad. Disfrutan del momento y se
  encuentran a gusto en situaciones
  nuevas.

Porcentaje orientativo de los diferentes tipos de personalidad en la población

Tipo de personalidad:	Porcentaje:
Administrador (ESTJ):	10 – 13%
Animador (ESTP):	6 – 10%
Artista (ISFP):	6 – 9%
Consejero (ENFJ):	3 – 5 %
Defensor (ESFJ):	10 – 13%
Director (ENTJ):	2 – 5%
Entusiasta (ENFP) :	5 – 8%
Estratega (INTJ):	1 – 2%
Idealista (INFP):	1 – 4%
Innovador (ENTP):	3 – 5%
Inspector (ISTJ):	6 – 10%
Lógico (INTP):	2 – 3%
Mentor (INFJ):	aprox. 1%
Pragmático (ISTP):	6 – 9%
Presentador (ESFP):	8 – 13%
Protector (ISFJ):	8 – 12%

Porcentaje orientativo de mujeres y hombres entre las personas con un determinado tipo de personalidad

Tipo de personalidad:	Mujere/ hombres:
Administrador (ESTJ):	40% / 60%
Animador (ESTP):	40% / 60%
Artista (ISFP):	60% / 40%
Consejero (ENFJ):	80% / 20%
Defensor (ESFJ):	70% / 30%
Director (ENTJ):	30% / 70%
Entusiasta (ENFP):	60% / 40%
Estratega (INTJ):	20% / 80%
Idealista (INFP):	60% / 40%
Innovador (ENTP):	30% / 70%
Inspector (ISTJ):	40% / 60%
Lógico (INTP):	20% / 80%
Mentor (INFJ):	80% / 20%
Pragmático (ISTP):	40% / 60%
Presentador (ESFP):	60% / 40%
Protector (ISFJ):	70% / 30%

Bibliografía

- Arraj James, *Tracking the Elusive Human, Volume 2: An Advanced Guide to the Typological Worlds of C. G. Jung, W.H. Sheldon, Their Integration, and the Biochemical Typology of the Future*, Inner Growth Books, 1990.

- Arraj Tyra, Arraj James, *Tracking the Elusive Human, Volume 1: A Practical Guide to C.G. Jung's Psychological Types, W.H. Sheldon's Body and Temperament Types and Their Integration*, Inner Growth Books, 1988.

- Berens Linda V., Cooper Sue A., Ernst Linda K., Martin Charles R., Myers Steve, Nardi Dario, Pearman Roger R., Segal Marci, Smith Melissa A., *Quick Guide to the 16 Personality Types in Organizations: Understanding Personality Differences in the Workplace*, Telos Publications, 2002.

- Geier John G., Downey E. Dorothy, *Energetics of Personality*, Aristos Publishing House, 1989.

- Hunsaker Phillip L., Alessandra J. Anthony, *The Art of Managing People*, Simon and Schuster, 1986.

- Jung Carl Gustav, *Tipos psicológicos*, Trotta, 2013.

- Kise Jane A. G., Stark David, Krebs Hirsch Sandra, *LifeKeys: Discover Who You Are*, Bethany House, 2005.

- Kroeger Otto, Thuesen Janet, *Type Talk or How to Determine Your Personality Type and Change Your Life*, Delacorte Press, 1988.

- Lawrence Gordon, *Looking at Type and Learning Styles*, Center for Applications of Psychological Type, 1997.

- Lawrence Gordon, *People Types and Tiger Stripes*, Center for Applications of Psychological Type, 1993.

- Maddi Salvatore R., Personality Theories: *A Comparative Analysis*, Waveland, 2001.

- Martin Charles R., *Looking at Type: The Fundamentals Using Psychological Type To Understand and Appreciate Ourselves and Others*, Center for Applications of Psychological Type, 2001.

- Meier C.A., *Personality: The Individuation Process in the Light of C. G. Jung's Typology*, Daimon Verlag, 2007.

- Pearman Roger R., Albritton Sarah, *I'm Not Crazy, I'm Just Not You: The Real Meaning of the Sixteen Personality Types*, Davies-Black Publishing, 1997.

- Segal Marci, *Creativity and Personality Type: Tools for Understanding and Inspiring the Many Voices of Creativity*, Telos Publications, 2001.

- Sharp Daryl, *Personality Type: Jung's Model of Typology*, Inner City Books, 1987. Spoto Angelo, Jung's Typology in Perspective, Chiron Publications, 1995.

- Tannen Deborah, *Tú no me entiendes*, Círculo de lectores, 1992.

- Thomas Jay C., Segal Daniel L., *Comprehensive Handbook of Personality and Psychopathology*, Personality and Everyday Functioning, Wiley, 2005.

- Thomson Lenore, *Personality Type: An Owner's Manual*, Shambhala, 1998.

- Tieger Paul D., Barron-Tieger Barbara, *Just Your Type: Create the Relationship You've Always Wanted Using the Secrets of Personality Type*, Little, Brown and Company, 2000.

- Von Franz Marie-Louise, Hillman James, *Lectures on Jung's Typology*, Continuum International Publishing Group, 1971.